DATE DUE

DESCUBRE
TU MUNDO

CELEBRACIONES
Y
FESTIVALES

PETER CHRISP

STAMPLEY

Cómo usar este libro

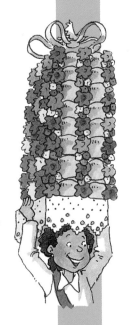

Referencias cruzadas
Busca las páginas que se citan en la parte superior de las páginas de la izquierda para saber más de cada tema.

Haz la prueba
Estas burbujas te permiten poner en práctica algunas de las ideas de este libro. Así podrás comprobar si esas ideas funcionan.

Rincón bilingüe
Aquí encontrarás las palabras clave de cada tema, así como frases y preguntas relacionadas con el mismo. ¿Puedes contestar las preguntas? Verás también las **palabras clave en inglés**, junto con su **pronunciación inglesa**. Practica en inglés las palabras que aparecen en negrita dentro de las frases y preguntas.

Curiosidades
En este apartado encontrarás datos de interés sobre otros asuntos relacionados con el tema.

Glosario
Las palabras de difícil significado se explican en el glosario que encontrarás al final del libro. Estas palabras aparecen en negritas a lo largo de todo el texto.

Índice
Al final del libro encontrarás el índice, que relaciona por orden alfabético la mayoría de las palabras que aparecen en el texto. Localiza en el índice la palabra de tu interés y ¡verás en qué página aparece la palabra!

Contenido

¡A celebrar!

Las celebraciones y los festivales son épocas especiales en que la gente se reúne para regocijarse. El Año Nuevo festeja una época determinada del año. La Navidad y la fiesta de *Eid-Al-Fitr* son de carácter religioso. Los cumpleaños y las bodas celebran días importantes en la vida de las personas. Otras fiestas conmemoran o recuerdan personajes y hechos ilustres.

▼ En España se festeja la tradición cristiana de los Reyes Magos, los tres sabios que llevaron presentes al niño Jesús.

▲ En el Año Nuevo, en Myanmar, o Birmania, la gente "lava" el año viejo con agua.

Tres hombres vestidos de reyes arrojan caramelos a los niños desde un gran vehículo.

Festivales religiosos

Religión es un conjunto de creencias o un modo de vida de un grupo de personas. **Judaísmo**, **sijismo**, **islamismo cristianismo** e **hinduismo** son algunas de las principales religiones. La gente conmemora las tradiciones propias de su **religión**.

Diversión y juegos

En todo el mundo, las celebraciones son parecidas. Las personas intercambian obsequios, decoran sus casas y comparten comidas. A veces, la preparación de una fiesta dura semanas o meses.

Los caramelos recuerdan a la gente los presentes llevados a Jesús.

▲ Estos niños celebran un festival indio-canadiense que conmemora la historia de su pueblo.

Rincón Bilingüe

celebración · celebration · *celebréishon*

caramelo · candy · *cándi*	**historia** · history · *jístori*
creencia · belief · *bilíf*	**mundo** · world · *uérld*
evento · event · *ivént*	**religión** · religion · *relíllon*
festival · festival · *féstival*	**tradición** · tradition · *tradíshon*

¿Cuál es tu **celebración** preferida?
¿Qué es la **religión**? Nombra tres de ellas.

véase: ¡A celebrar!, pág. 4; Ayunos y fiestas, pág. 16

El Año Nuevo

En todo el mundo, el comienzo del nuevo año es motivo de festejos. En muchos países, el Año Nuevo se celebra el 1 de enero, pero algunas **religiones** y países lo celebran en otras épocas. El Año Nuevo a menudo es ocasión para intentar un nuevo comienzo. La gente sigue **costumbres**, como limpiar la casa o pagar las deudas, esperando con ello atraer a la suerte.

Un nuevo comienzo

En China, el Año Nuevo tiene fecha variable, entre fines de enero y mediados de febrero; a cada año se le da el nombre de uno de 12 animales, entre ellos el mono, el tigre y el cerdo. La víspera de Año Nuevo la gente ora en los templos por la paz. En las casas, se cuelgan adornos de color rojo, para atraer buena suerte, y se les cierran las puertas a los fantasmas. El día de Año Nuevo, miles de cohetes ahuyentan en las calles a los malos espíritus.

▶ En Año Nuevo, la gente en China danza en las calles y enarbola dragones hechos de tela o de papel.

Una tradición en Escocia afirma que es de buena suerte que el primer visitante del año sea un hombre alto, de cabello oscuro y que carga consigo un puñado de carbón para el fuego. El visitante suele obsequiar también una bebida.

Pendientes del reloj

En todo el mundo, la gente se reúne en los lugares públicos para oír las doce campanadas de la medianoche. Oída la última, la gente se abraza, baila y canta, para recibir el nuevo año.

Comida de fiesta

En todo el mundo, la comida de Año Nuevo suele ser especial. En Italia se prepara un plato con manitas de cerdo y lentejas, y en Escocia se suele comer arenques rojos. En el sur de China, es de buena suerte comer muchos pasteles ¡de consistencia pegajosa!

HAZ LA PRUEBA

*¿Puedes averiguar cuándo las distintas **religiones** y países celebran el Año Nuevo? Quizá necesites pedir ayuda a un adulto. Marca las fechas de cada celebración en el **calendario**.*

Rincón Bilingüe

Año Nuevo · New Year · *niú yíer*
calendario · calendar · *cálendar*
costumbres · customs · *cóstoms*
doce · twelve · *tuélv*
febrero · February · *fébrueri*
medianoche · midnight · *midnáit*
suerte · luck · *loc*

¿Cómo celebra tu familia el **Año Nuevo**? Cada país tiene **costumbres** diferentes. ¿Qué color es de buena **suerte** en China?

véase: Ayunos y fiestas, pág. 16

Carnaval

Las fiestas de carnaval son una serie de desfiles en las calles, con disfraces, mascaradas, música y bailes. Se celebran desde hace siglos, antes de la cuaresma, cuando en el **cristianismo** se practicaba el ayuno. La gente quería divertirse antes de comenzar el período de ayuno.

▲ Esta muchacha asiste al carnaval de Trinidad. ¡Imagina cuánto trabajo costó confeccionar su hermoso traje!

Bailes en las calles

Uno de los más famosos carnavales del mundo es el de Río de Janeiro, en Brasil. Mucha gente pasa todo el año diseñando y confeccionando los trajes para el desfile. Los músicos tocan samba y concursan para ganar el título de mejor compositor. Las fiestas se prolongan durante varios días y se entregan premios a los mejores trajes y bailarines.

HAZ LA PRUEBA

Confecciona una máscara recortando cartulina y dándole la forma que se ajuste a tus ojos y nariz. Recórtale agujeros para ver y decórala. Pégale una varilla larga.

▲ En el carnaval de Río, Brasil, la gente baila y canta a bordo de grandes carrozas.

Rincón Bilingüe

carnaval · carnival · *cárnival*
carroza · float · *flóut*
compositor · composer · *compóuser*
cristianismo · Christianity · *cristiániti*
cuaresma · Lent · *lent*
desfiles · parades · *paréids*
samba · samba · *samba*
siglo · century · *sénturi*

¿Qué país es famoso por la **samba**?
¿Hay, donde tú vives, **desfiles** de carnaval?

▲ En Venecia, Italia, los asistentes al carnaval visten magníficos trajes y máscaras ricamente adornados.

véase: Carnaval, pág. 8

Festivales de primavera

La primavera da paso al clima templado después del frío del invierno. Brotan las primeras flores y los pájaros construyen sus nidos y ponen huevos. Todo es bullicio y actividad; es un tiempo que invita a celebrar la renovación de la vida y la esperanza en el futuro.

▶ En Suiza, se recibe a la primavera con la quema de un modelo de muñeco de nieve.

La fiesta de *Holi*

Ésta fiesta hindú se celebra en marzo y marca el inicio de la primavera. La gente lo celebra arrojándose agua coloreada, en recuerdo de una leyenda: el **dios** Krishna arrojó en cierta ocasión agua coloreada sobre su amiga, la vaquerita Radha. Ella le lanzó de regreso el agua con tintura y ambos quedaron en un baño lleno de color y resplandor.

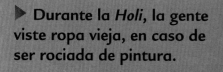

▶ Durante la *Holi*, la gente viste ropa vieja, en caso de ser rociada de pintura.

La Pascua

Los cristianos creen que Jesús murió en viernes y que **Dios** lo resucitó de entre los muertos al tercer día. Esto lo conmemoran el día de Pascua. La Pascua cae en marzo o abril, cuando es primavera en muchos países. Este festival se celebra con flores, que son un recuerdo de la renovación de la vida.

Huevos de Pascua

En Pascua, es **costumbre** obsequiar huevos de chocolate o dulce, pues éstos representan plenitud de vida; también se regalan huevos cocidos con el cascarón pintado.

▲ En Guatemala, en las procesiones de Pascua se elaboran hermosas alfombras con pétalos de flores.

HAZ LA PRUEBA

Para confeccionar un huevo de Pascua, infla un globo y cúbrelo con tiras de papel de periódico impregnado de una mezcla de harina y agua. Seco el papel, desinfla el globo con una aguja. Pinta el huevo y córtalo a lo largo. No olvides llenarlo de dulces.

Rincón Bilingüe

abril · April · *éipril*
esperanza · hope · *jóup*
hindú · Hindu · *jíndu*
Holi · Holi · *jóli*
marzo · March · *march*
Pascua · Easter · *íster*
viernes · friday · *fráidei*

¿Por qué nos trae **esperanza** la primavera?
¿Qué festival se celebra en **marzo** o **abril**?
¿Quiénes celebran el festival de *Holi*?

véase: Ayunos y fiestas, pág. 16

Fiestas de la cosecha

En el tiempo de la siega se recoge el alimento o cosecha que se ha cultivado durante el año. Todos festejan el final del trabajo duro y sienten alegría porque ahora tienen alimento suficiente hasta la próxima cosecha. Como es de esperar, esta fiesta es ocasión para comer. La comida que se prepara es abundante y especialmente escogida, con los productos recién cosechados.

Acción de gracias

En Estados Unidos se celebra el día de Acción de gracias , cuyo origen se remonta al año 1620, cuando a ese país llegaron los primeros ingleses, en medio de un crudo invierno y hambrientos. En la primavera sembraron la tierra, y los nativos americanos les enseñaron el cultivo del maíz y a pescar. Al año siguiente, los ingleses reunieron gran cantidad de alimentos, de modo que lo celebraron con una gran fiesta.

▶ La primera Acción de gracias se celebró en 1621 cuando los ingleses invitaron a amigos nativos a compartir la cosecha.

Se recogieron ciruelas silvestres para la fiesta. ....

Fiesta en familia

Hoy, en Estados Unidos se celebra el día de Acción de gracias en noviembre, en recuerdo de la primera cosecha. Las familias se solazan comiendo pavo asado, como en la fiesta de los primeros ingleses.

En Tomar, Portugal, se celebra una fiesta de la cosecha llamada de las bandejas. Las muchachas del lugar desfilan portando grandes sombreros hechos con bandejas apiladas y llenas de pan y flores, producto de la cosecha.

La pesca

También los pescadores celebran con fiestas el producto de su captura en ríos y mares. En Argungu, Nigeria, se celebra cada año un festival en el río Sokoto. Es la única ocasión en el año en que está permitida la pesca. El festival dura tres días y los habitantes del lugar pueden pescar sin restricciones cuantos peces quieran.

▲ En Argungu, se reparten premios para los mejores pescadores y nadadores más rápidos.

Los pobladores cazaron pavo salvaje y lo asaron al fuego.

Rincón Bilingüe

asado · roasted · *róusted*
bandeja · tray · *tréi*
hambriento · hungry · *jóngri*
Acción de gracias · Thanksgiving · *zénks-gíving*
pescador · fisherman · *físher-man*
pavo · turkey · *térqui*
premio · prize · *práis*
trabajo · work · *uórk*

¿Dónde se celebra la **cosecha** comiendo **pavo asado**?
¿Por qué celebramos la **cosecha**?

véase: ¡A celebrar!, pág. 4

Luces festivas

En invierno, el día oscurece antes y hace más frío. Tiempo atrás, se celebraban festivales para recordar que el calor y la luz de la primavera pronto volverían. En las grandes fiestas religiosas que en muchos países caen en invierno se usan luces y decoraciones fulgurantes para significar que las creencias traen luz a las vidas de las personas.

▶ El abeto conserva sus hojas todo el invierno. En Navidad, representan la vida en medio de la oscuridad del invierno.

La estrella recuerda ⋯⋯ *a aquella que brilló en el pesebre.*

El origen de la Navidad
El 25 de diciembre, fiesta de la Navidad, la cristiandad celebra el nacimiento de Jesús, quien nació, según la tradición, en un pesebre. Una estrella resplandeciente se posó sobre el pesebre y guió a los pastores del lugar y a tres reyes magos que venían de Oriente con ricos presentes para el niño Jesús.

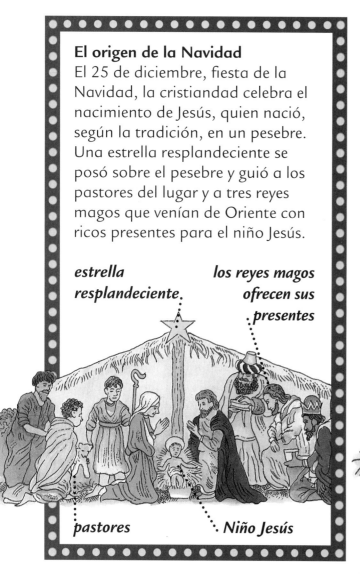

estrella resplandeciente.

los reyes magos ofrecen sus presentes

pastores

Niño Jesús

Luces como guía

Las luces son una parte importante en la fiesta hindú de la *Diwali*. Se encienden lámparas que se colocan afuera de puertas y ventanas para recibir a Lakshmi, **diosa** que, según creen los hindúes, les traerá suerte y prosperidad para el Año Nuevo.

◄ En la *Diwali*, se encienden lamparitas de arcilla o divas.

...El árbol de Navidad se decora con adornos llenos de luz que simbolizan la fe.

CURIOSIDADES

En Suecia se celebra una hermosa procesión con velas en honor de santa Lucía, patrona de la luz. Al frente va una muchacha con una corona de velas encendidas sobre hojas verdes. En sus manos lleva un plato lleno de panecillos dulces.

Bajo el árbol se guardan los regalos hasta que llega el momento de abrirlos.

Rincón Bilingüe

luz · light · *láit*
pastor · shepherd · *shépjerd*
decoración · decoration · *decoréishon*
la más oscura · darkest · *dárquest*
Navidad · Christmas · *crísmas*

pesebre · stable · *stéibl*
temporada · season · *síson*

¿Cuál es la **temporada más oscura** del año?
¿Qué celebramos en **Navidad**?

véase: El Año Nuevo, pág. 6; Carnaval, pág. 8

Ayunos y fiestas

En ciertas épocas del año, muchas **religiones** prescriben el ayuno, es decir, no comer nada o muy poco. La gente que ayuna tiene fe en que, al renunciar al alimento y sentir hambre, la persona no será víctima de la avaricia y el egoísmo. El ayuno suele terminar con una fiesta, ¡con comida en abundancia!

El *Ramadán*

La época de ayuno para los musulmanes es el *Ramadán*, de un mes de duración. En ese tiempo, los musulmanes no comen durante las horas de luz diurna. Pasan mucho tiempo leyendo su libro **sagrado**, el Corán. Terminado el ayuno, celebran su *Eid-Al-Fitr*, gran fiesta en la que todos, vestidos con sus mejores ropas, oran en la mezquita. Están orgullosos de haber guardado el largo ayuno del *Ramadán*.

▲ Las familias musulmanas celebran el final del *Ramadán* con una fiesta.

▶ En la fiesta de *Eid-Al-Fitr*, se intercambian tarjetas con la leyenda: *"Eid Muburak"*, que quiere decir "Feliz fiesta".

Yom kippur

Para los judíos, la mayor solemnidad del año es el *Yom kippur* o día de expiación, en que no comen ni beben para demostrar su pena por las faltas cometidas durante el año. El *Yom kippur* se celebra en septiembre u octubre, a continuación del Año Nuevo judío que, como en todas las demás **religiones**, es una forma de emprender un buen comienzo.

▲ El final del ayuno judío se anuncia con un toque de shofar o trompeta de cuerno de carnero.

CURIOSIDADES

El día del panqueque es una fiesta de origen cristiano, de cuando la gente se comía sus provisiones de huevo, mantequilla y leche, antes del ayuno de cuaresma. Hoy, en Inglaterra, se celebra con carreras. Los concursantes corren mientras arrojan al aire un panqueque, desde la sartén.

Rincón Bilingüe

ayuno · fast · *fast*
Corán · Koran · *korán*
judíos · Jews · *llus*
musulmán · Moslem · *móslem*
sagrado · sacred · *séicred*
septiembre · September · *septémber*
solemne · solemn · *sólem*

¿Cómo se llama el libro **sagrado musulmán**?
¿Cuál es el día más **solemne** para los **judíos**?
¿Por qué hay días de **ayuno**?

véase: Luces festivas, pág . 14

Nacimiento, cumpleaños

El nacimiento de un bebé es siempre un acontecimiento. En muchas **religiones** se lleva a cabo una **ceremonia** en la que, para un buen comienzo en su vida, se le pone nombre al niño y es introducido a su familia y su **religión**. Cada año, suele ser **costumbre** que la familia y los amigos recuerden su nacimiento con una fiesta de cumpleaños.

▲ En Inglaterra, el cumpleaños oficial del monarca siempre se celebra en junio con desfiles en las calles de Londres.

Nacimiento y bautizo

La **ceremonia** cristiana que conmemora el nacimiento de un niño se llama bautizo y se celebra en la iglesia. En ella, los padres del bebé prometen educar al niño conforme al modo de vida cristiano. El sacerdote vierte agua sobre su cabecita y hace la señal de la cruz sobre su frente.

CURIOSIDADES

Para poner el nombre a un niño, los sijs consultan su libro **sagrado**, llamado Guru Granz Sahib. Con el libro abierto, los padres eligen un nombre que comience con la primera letra de la página izquierda.

◀ Estos niños celebran una fiesta de cumpleaños rompiendo, con los ojos vendados y con la ayuda de un palo, un juguete de papel maché llamado piñata.

Dulces y regalos caen de la piñata rota.

Fiestas de cumpleaños

La fecha en que naciste es un día especial para ti: tu cumpleaños. La familia y los amigos te ofrecen regalos y tarjetas. En México, la fiesta de los quince años es muy importante para las niñas. Vestidas de gala celebran su entrada a la adolescencia rodeadas y agasajadas por sus seres queridos.

Rincón Bilingüe

bautizo · baptism · *báptism*
cumpleaños · birthday · *berz-déi*
fecha · date · *déit*
iglesia · church · *cherch*
junio · June · *llun*
pastel · cake · *quéik*
velas · candles · *candls*

¿Cuántas **velas** hubo en tu último **pastel**?
¿Has asistido a algún **bautizo**?
Tu **cumpleaños** es una **fecha** muy especial.

véase: Nacimiento, cumpleaños, pág. 18

Mientras creces

Hay muchas celebraciones para los niños. En Japón, el Día del niño es motivo de gran diversión para ellos. En el **judaísmo** se celebra una fiesta llamada *bar* o *bat mitzváh*, que señala el paso del niño a la mayoría de edad o condición de adulto.

▶ En Japón, en el Día del niño, las familias ondean al viento cometas en forma de carpa.

Bar mitzváh y bat mitzváh
En el **judaísmo,** un niño de trece años y una niña de doce se consideran adultos. Después de cumplir trece años, el niño es objeto de una **ceremonia** llamada *bar mitzváh*. Antes, debe aprender la ley judía y leer la Toráh o libro de escrituras **sagradas**, todo lo cual le ayudará a convertirse en adulto. Una fiesta similar para las niñas se llama *bat mitzváh*.

▶ En su *bar mitzváh*, un niño lee la Toráh en presencia de sus familiares y amigos.

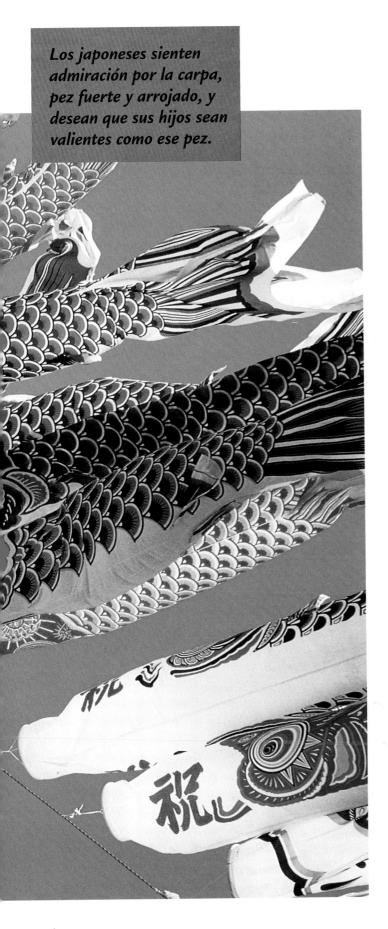

Los japoneses sienten admiración por la carpa, pez fuerte y arrojado, y desean que sus hijos sean valientes como ese pez.

La graduación

Al finalizar sus estudios universitarios, se invita a los estudiantes a asistir a su **ceremonia** de graduación, en la que visten ropas especiales, como la toga y el birrete, y reciben su certificado. Para muchos de ellos, salir de la escuela es un importante paso durante el crecimiento.

Rincón Bilingüe

adultos · adults · *adólts*
birrete · cap · *cap*
estudiantes · students · *stiúdents*
graduación · graduation · *graduéishon*
toga · gown · *gáun*
trece · thirteen · *zertíin*
universidad · university · *iunivérsiti*

¿A qué edad se consideran **adultos** los judíos?
¿Cuándo viste un estudiante **toga** y **birrete**?
¿Qué significa la **graduación**?

La boda

Cuando dos personas se casan marcan el comienzo de una nueva vida juntos. Las parejas suelen casarse en un templo u otro edificio público, en una **ceremonia** en la que los novios prometen amarse y cuidarse para siempre. A continuación, es frecuente celebrar la unión con un banquete, música y baile.

▼ Las novias hindúes embellecen sus manos y pies decorándolos con pintura de alheña.

Vestidos para la ocasión

Los novios acostumbran vestir trajes especiales para la boda. Usualmente éstos son trajes tradicionales, o sea, no han cambiado de estilo desde hace mucho tiempo. En los países cristianos, la novia viste un traje blanco. En India la novia viste un sari o un traje largo de color rojo bordado con hilo de oro.

▲ Los invitados visten ropas finas. Este niño hindú viste un turbante y una túnica de seda.

CURIOSIDADES

La **costumbre** de intercambiar anillos entre los novios se cree que data de tiempos de los antiguos romanos. El círculo sin fin del anillo simboliza que la pareja permanecerá unida para siempre.

La boda cristiana

Las parejas de religión cristiana se casan en la iglesia. El sacerdote oficia la ceremonia y la familia y los amigos participan de ella cantando himnos y siguiendo los pormenores del rito. Terminada la boda, la pareja abandona la iglesia y posa para las fotografías. En el banquete que suele seguir a la boda, la novia arroja al aire su ramo de flores. Según la tradición, la joven soltera que logre atrapar el ramo será la próxima en casarse.

◀ **Durante la ceremonia se leen pasajes escogidos de la Biblia.**

Rincón Bilingüe

Biblia · Bible · *báibl*
boda · wedding · *uéding*
novias · brides · *bráids*
miles · thousands · *záusands*
pareja · couple · *cópl*
pintura · paint · *péint*
ramo · bouquet · *buqué*

¿Cómo adornan las **novias** hindúes sus **pies**?
¿En cuáles bodas se leen pasajes de la **Biblia**?
¿Por qué intercambian **anillos** los novios?

23

Recuerdo de los difuntos

En muchos países se dedican fechas especiales en recuerdo a los difuntos. Tales celebraciones suelen llevarse a cabo en otoño, cuando empieza el frío y el día oscurece antes; muchas son de carácter alegre, y la gente expresa amor y respeto por sus muertos llevando flores a sus tumbas.

HAZ LA PRUEBA

Atrapar manzanas con la boca es un viejo juego de Halloween. Llena de agua un recipiente y arroja en él manzanas para que floten. Trata de atraparlas con los dientes y viste ropa apropiada, pues te mojarás.

CURIOSIDADES

En China, en el festival de los "Fantasmas hambrientos", la gente quema flores y deja monedas al borde de los caminos, como ofrendas a los difuntos que no tienen familia que los recuerde en la fecha de esa celebración.

▼ Hoy, en *Halloween*, los niños visten trajes tétricos y ponen en las ventanas linternas hechas con calabazas.

Diversión fantasmal
Hace siglos, cuando la gente en Europa creía en brujas y fantasmas, se celebraba un festival en otoño, en el que se dejaban alimentos y bebida fuera de las casas, para alejar a tales espíritus. Este festival se llamó *Halloween*, del inglés *All Hallows Eve*, o víspera de Todos los **Santos**, la fiesta de la cristiandad en recuerdo de los difuntos. Hoy se celebra en octubre en Europa y Estados Unidos.

▲ La víspera del Día de Muertos las familias mexicanas llevan coloridas flores a las tumbas de sus muertos.

Visitas a los muertos

En México, la víspera del 2 de noviembre, Día de Muertos, la gente visita las tumbas de sus difuntos y les llevan comida y flores; muchos pasan allí toda la noche. También suelen preparar en sus casas un altar u "ofrenda", con flores, velas y recuerdos del ser querido fallecido. El día siguiente es de asueto. Es costumbre intercambiar dulces de azúcar en forma de calavera.

Rincón Bilingüe

bruja · witch · *uítch*
cementerio · cemetery · *cémeteri*
familiares · relatives · *rélativs*
fantasmas · ghosts · *góusts*
muertos · dead · *ded*
octubre · October · *octóuber*
respeto · respect · *rispéct*

Hace años la gente creía en **fantasmas**.
¿Por qué recordamos a los **muertos**?
¿Qué festival se celebra en **octubre**?

Deportes y juegos

En todo el mundo, la gente gusta de espectáculos deportivos, desde los que se celebran en las escuelas hasta los grandes eventos para multitudes, como los Juegos Olímpicos, donde participan cientos de países. Millones de personas ven por televisión eventos deportivos en estadios gigantescos, con **ceremonias** en las que los ganadores reciben medallas.

▲ En los días de competiciones escolares, no hay clases, con el fin de que los alumnos participen en los juegos y carreras.

▲ Medalla de oro para el atleta vencedor, y de plata y bronce para segundo y tercer lugares.

Juegos en Escocia

Cada año, en Escocia, se llevan a cabo los Juegos de la región, en los que se interpreta música y danza escocesas y se celebran eventos deportivos. El mejor bailarín y el mejor intérprete de gaita, el instrumento tradicional escocés, reciben un premio.

Los Juegos Olímpicos

Los Juegos Olímpicos, el mayor festival deportivo del mundo, comprenden los Juegos de Verano y los de Invierno. Se originaron en Grecia en 776 A.C., en honor de Zeus, soberano de los dioses olímpicos. Hoy día se llevan a cabo competencias en más de 65 deportes, como fútbol, natación, gimnasia, trineo de carreras y equitación.

▲ Un participante en los Juegos de Escocia. El *kilt* o falda que viste es el atuendo de los hombres escoceses para celebraciones especiales.

▼ En la inauguración de los Juegos Olímpicos de Los Ángeles, Estados Unidos, la multitud formó con cartones las distintas banderas.

Rincón Bilingüe

atleta · athlete · *ázlit*   ganadores · winners · *uíners*
bandera · flag · *flag*   medalla · medal · *médal*
evento deportivo · sporting event · *spórting ivént*
Juegos Olímpicos · Olympic Games · *olímpic guéims*
participante · participant · *partícipant*

Los **Juegos Olímpicos** se celebran cada cuatro años. ¿Cuál es tu **evento deportivo** favorito?

Fiestas nacionales

En una fiesta nacional se da asueto en trabajo y escuelas, para celebrar esa fecha especial. Unas veces se trata de un día histórico, como la toma de la Bastilla, en Francia, y en otras se honra a un personaje histórico o suceso religioso. Las calles se visten de fiesta, se exhiben fuegos de artificio y todos festejan el día.

Discursos y juegos

Las celebraciones que se llevan a cabo en las fiestas nacionales suelen unir a las diversas comunidades de un país. La gente organiza desfiles, discursos, juegos y bailes folklóricos. No se trabaja ni se asiste a la escuela, para que la gente participe en los festejos o simplemente descanse.

▼ En la fiesta nacional, a los niños les gustan las salidas, como ir de día de campo con la familia.

▼ En las fiestas nacionales desfilan bandas de música.

La historia de la toma de la Bastilla

La fiesta nacional de Francia, el 14 de julio, celebra la toma de la Bastilla. En ese mismo día, en 1789, una multitud se apoderó de la cárcel de la Bastilla y liberó a los prisioneros. Este hecho significó el comienzo de la Revolución francesa, en la que la gente decidió que ya no quería ser gobernada por un rey o una reina.

El ataque a la Bastilla

◀ Cada año, en París, se celebra la toma de la Bastilla con fuegos de artificio.

Rincón Bilingüe

Bastilla · Bastille · *bastíl*
famoso · famous · *féimos*
fiesta · holiday · *jólidei*
fuegos de artificio · fireworks · *fáier-uérks*
multitud · crowd · *cráud*
nacional · national · *náshonal*
público · public · *póblic*

Nombra un día **nacional** del país donde vives.
¿En qué consistió la toma de la **Bastilla**?
¿Te gustan los **fuegos de artificio**?

Curiosidades

☆ *Muchos australianos celebran su cena de Navidad de pavo asado y salsa de arándanos en la playa. Ello se debe a que el ciclo de las estaciones es diferente en uno y otro hemisferios del planeta. En Australia, el día de Navidad o 25 de diciembre cae en pleno verano.*

● En Irán, el Año Nuevo se celebra el primer día de primavera. Esta fiesta se llama *Nou Ruz*. Las familias recogen retoños frescos de arroz, los amarran con cintas y los depositan en una mesa especial de la casa. En el treceavo día del *Nou Ruz*, celebran una comida en el campo y arrojan los retoños de arroz a un río o un arroyo.

☆ *En Tailandia, se celebra un festival de luces conocido como* Loi Kratong. *La gente confecciona con hojas de plátano pequeños barcos en forma de flor. Los llevan hasta un río, les colocan velas encendidas y los dejan flotar en el agua. Los barcos representan los malos pensamientos y acciones del año anterior, que van río abajo, para ser olvidados.*

● ¿Sabías por qué en *Halloween* se juega con manzanas? Se debe a que en tiempos de los romanos se celebraba un festival en honor de Pomona, la **diosa** de la fruta. Al convertirse al **cristianismo**, los romanos fusionaron las **costumbres** paganas con las cristianas.

☆ *En Japón, se lleva a cabo en noviembre un festival para las niñas entre tres y siete años y niños entre tres y cinco años. Se denomina 3-5-7 y, en él, niños y niñas acuden a un* **santuario** *donde un sacerdote reza por el futuro de los pequeños. Éstos reciben dulces en bolsas decoradas con tortugas, que simbolizan la longevidad, y una grulla que significa buena suerte.*

● La Doceava noche es una fiesta que data de la edad media. Se lleva a cabo el 6 de enero o último día de Navidad, cuando, según el **cristianismo**, los tres Reyes Magos llevaron presentes a Jesús. En Francia, se confecciona un pastel especial en cuyo interior se halla oculta una alubia. Aquel a quien corresponde el trozo de pastel con la alubia será el "rey" o "reina" de ese día.

Glosario

calendario Forma de organizar y nombrar los días, meses y años.

ceremonia Acto o evento organizado especialmente para señalar un acontecimiento.

costumbre Práctica repetida de una acción, durante años.

cristianismo Religión cuyos miembros se llaman cristianos. Creen que Jesús es el Hijo de Dios y tratan de seguir sus enseñanzas.

dios, diosa Ser considerado como más poderoso que el humano. Cuando Dios se escribe con mayúscula, se indica creencia en un solo Dios.

hinduismo Antigua religión de la India, cuyos seguidores son los hindúes. Creen en un solo Dios, con diferentes formas y nombres, como Rama y Krishna.

islamismo Religión cuyos seguidores son los musulmanes. Creen en un solo Dios y siguen las enseñanzas del Corán, libro sagrado que le fue revelado al profeta Mahoma. Profeta es aquel de quien se cree que habla en nombre de Dios.

judaísmo Religión de los judíos. Creen en un solo Dios y siguen las enseñanzas de un conjunto de escritos sagrados, llamados Toráh.

religión Forma de vida o conjunto de creencias seguidas por mucha gente.

sagrado Palabra que describe a una persona, lugar, animal u objeto venerados en una religión.

santo Persona sagrada.

santuario Lugar donde la gente reza a un santo o dios.

sijismo Religión cuyos seguidores se llaman sijs. Siguen las normas señaladas por Guru Nanak en el norte de la India. Creen en un solo dios y en que todos los hombres y mujeres somos iguales.

Índice

Editado en 1998 por
C. D. Stampley Enterprises, Inc.
Charlotte, NC, USA
Edición española
© C. D. Stampley Ent., Inc. 1998

Primera edición en inglés por
© Two-Can Publishing Ltd., 1998

Texto:
Asesor: Mary Hayward
Arte: Amelia Rosato, Teri Gower, Mel Pickering

Director editorial: Christine Morley
Senior Commissioning Editor: Robert Sved
Director arte: Carole Orbell
Producción: Adam Wilde
Investigación en fotografía: Laura Cartwright

Traducción al español:
María Teresa Sanz

ISBN: 1-58087-012-0

Créditos fotográficos: cubierta: The Image Bank; p4: Robert Harding Picture Library; p5: Britstock IFA; p6: Images Colour Library; p8(s): Tony Stone; (i): Colorific!; p9: Superstock; p10 (s): Pictor; (i): Tony Stone; p13: The Hutchison Library; p15: Trip; p17: Robert Harding Picture Library; p18: Pictor; p20 (i): Zefa; p20/21: Britstock IFA; p22 (d): Robert Harding; (i): Rex Features; p23: Tony Stone; p25: Tony Stone; p26 (i): Tony Stone; p26/27: Tony Stone; p27: Pictor; p28: Pictor; p29: Tony Stone.